Gustave SAHLER

ANCIEN OFFICIER SUPÉRIEUR A L'ARMÉE DES VOSGES

———— o o ————

L'ARMÉE DES VOSGES

~~~~~~~~

RÉPONSE AU DISCOURS

DE

M. L'ABBÉ BESSON

A HÉRICOURT

———— ◄•• ••► ————

Prix : 50 centimes

———— ◄•• ••► ————

BESANÇON

IMPRIMERIE DE JULES ROBLOT, RUE DU CLOS, 31

—

1872

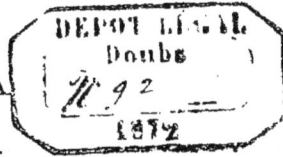

M. L'ABBÉ BESSON

Directeur du Collége Saint-François-Xavier et Rédacteur de l'*Union franc-comtoise*

BESANÇON

MONSIEUR L'ABBÉ.

A l'occasion de l'inauguration du monument élevé au cimetière d'Héricourt, à la mémoire des soldats de l'Est morts dans les combats des 15, 16, 17 janvier 1871. vous avez, oubliant qu'aucune réplique directe ne peut atteindre le prédicateur dans sa chaire, porté contre l'armée des Vosges et son chef des accusations tellement graves que nous ne pouvons pas, nous qui avons eu l'honneur de faire partie de cette armée, les laisser passer sous silence.

Vous confondez dans un même sentiment de haine, dans un anathème commun, le général Garibaldi et tous ceux qui ont servi sous ses ordres. Vous semblez ignorer d'abord que la plus grande partie de l'armée des Vosges était composée de braves gens envoyés là par décret du gouvernement, et qu'ils ont obéi en soldats, sans avoir à s'inquiéter de l'homme que l'on plaçait à leur tête. Ceux-là ont fait leur devoir, rien de plus. D'autres, il est vrai, alléguant qu'ils ne voulaient pas servir sous les ordres d'un révolutionnaire, ont refusé d'obéir ; ceux-là étaient des lâches qui ne voulaient se battre à aucun prix. Ils l'ont prouvé. Il est vrai que le clergé leur prêtant son appui, est parvenu à les soustraire à l'action de la justice. Mais nous savons leurs noms, monsieur l'abbé, et soyez persuadé que tôt ou tard ils porteront la peine qui leur est due.

Ceci posé, permettez-moi, monsieur l'abbé, de vous rappeler sommairement les paroles imprudentes que vous avez prononcées.

A votre point de vue, l'armée des Vosges était un ramassis de gredins, d'aventuriers sans frein et sans honneur, dignes du chef impie qui les commandait, obéissant avec une foi aveugle à tous les ordres qu'il pouvait leur donner. Elle a pillé des couvents, arrêté des prêtres et, chose plus grave, c'est elle qui est cause de tous les désastres de l'armée de l'Est; elle pouvait avec ses 35,000 hommes arrêter Manteuffel, et elle l'a laissé passer. Vous insinuez même, monsieur l'abbé, qu'elle a fait son possible pour arriver à ce résultat. Tous les malheurs de la France datent du jour néfaste où le général Garibaldi a mis le pied sur le sol français ; ce jour-là le soleil ne s'est pas levé ; vous avez effacé cette date de l'histoire, elle n'existe plus ni elle ni l'armée des Vosges. L'histoire, monsieur l'abbé, est plus impartiale, et heureusement ce n'est pas vous qui l'écrirez.

Une partie des faits que vous alléguez sont malheureusement vrais, mais vous les expliquez à votre manière. J'espère que vous voudrez bien me permettre aussi de les expliquer à la mienne, qui est la vraie. car à tout ce que j'annoncerai, je vous donnerai des preuves irréfutables que personne ne pourra contester.

1° L'armée des Vosges était un ramassis de gredins sans religion et sans honneur.

Pour répondre à cela, je vous donnerai seulement l'effectif de l'armée avec le nom des corps qui la composait et des chefs qui commandaient ces corps à la date du 8 janvier, jour où s'est terminée la marche sur Dijon.

Effectif résultant de la situation journalière fournie par tous les chefs de corps à l'état-major général et transmise à l'artillerie, pour l'organisation des approvisionnements :

1re brigade. — Général Bosak-Heuké.

Eclaireurs du Rhône, commandant Lhost.			
Francs-Tireurs du Rhône,	id.	Teinturier.	
Chasseurs égyptiens,	id.	Pennozi.	1,250 h.
Légion espagnole,	id.	Elola.	
Eclaireurs de Gray.	id.	Lambert.	
1er bataillon mobile des Alpes-Maritimes,	id.	Bruneau	800 h.
42e de marche, mobile de l'Aveyron,	id.	William.	2,200 h.

2e Brigade. — Colonel Delpech.

1er et 2e bataillons, *Egalité* de Marseille.	commandant	Regnaud	
Guerrilla d'Orient,	id.	de Sauley.	1,500 h.
Guerrilla marseillaise	id.	Bousquet.	

3e Brigade. — Colonel Menotti Garibaldi.

2 régiments italiens, commandants Ravelli,		et Tannarra.	1.500 h.
Francs-tireurs génois,	id.	Razzeto	

Ces corps, avec la Légion espagnole, étaient les seuls composés exclusivement d'étrangers.

2 Compagnies de Colmar, commandant		Eudeline.	
Compagnie d'Oran,	id.	Grachy.	
2 id. d'Alger,	id.	Boitel.	
id. Vaucluse,	id.	Fabry.	1,300 h.
Francs-tireurs du Doubs,	id.	Ordinaire	
id. du Midi,	id.	Pillard.	
id. Marseillais	id.	Debrey.	
2e bataillon mobile des Alpes-Maritimes,		Barthélemy	1,134 h.
		A reporter	9,684 h.

	Report.	9.684 h.
1er bataillon mobile des Basses-Pyrénées,	Borel	970 h.

4e Brigade. — Ricciotti Garibaldi

Francs-tireurs de Savoie, commandant Carré ⎫
    id.   de Dole,   id.   Habert ⎪
    id.   de l'Isère,   id.   Austin ⎬ 2,500 h.
    id.   du Doubs,   id.   Nicolaï ⎪
Alsaciens de Paris,   id.   Braun ⎭
Corps non embrigadés :
1re légion mobilisée de Saône-et-Loire
                       colonel Pelletier   1,774 h.
(Ce corps avait suivi l'armée des Vosges depuis
les affaires d'Autun où il s'était brillamment
battu, mais il n'était pas officiellement classé
à l'armée des Vosges.)
Enfants perdus de Paris.   300 h.

ARTILLERIE.

1 batterie de montagne.   capitaine Pahin ⎫
2   id.   commandant Witz, ⎪
                   capitaine de frégate. ⎪
2e et 3e batterie, mobiles de la Charente-In- ⎬ 600 h.
   férieure,   capitaine Senné ⎪
4 de campagne,   id.   Rançon ⎪
19e batterie du 12e, 12 de campagne, ⎪
                 capitaine Malenfer ⎭

CAVALERIE.

Un peloton du 7e chasseurs.	47 h.
2 escadrons, guides italiens en formation	160 h.
L'escadron de Châtillon, (ainsi nommé parce qu'il était monté avec des chevaux et le harnachement d'un escadron de uhlans pris à Châtillon-sur-Seine.	70 h.
Total, 8 janvier 1870	16,105 h.

Report. 16,105 h.

(Dont un sixième seulement étaient armés de fusils à tir rapide.)

Le 19 janvier, arrivée de la 1re légion mobilisée de l'Isère, colonel Bleton.

Le 20 janvier, arrivée de la 2e légion des mobilisés de l'Isère, colonel de Combarieu.

Total de l'effectif du 20 au 28 janvier 22,000 h.

Dont il faut déduire les pertes de champ de bataille éprouvées pendant les journées des 21, 22, 23 janvier, et des combats journaliers que l'armée des Vosges dut soutenir contre les troupes du général Zastrow pendant tout le mois de janvier. Plusieurs de ces combats, comme ceux de Verrey, Chenonceau, Val-de-Suzon, prirent une assez grande extension.

Donc, au 23 janvier, l'armée des Vosges est forte de 22,000 h.

Dans la nuit du 24 au 25 janvier, arrivée de la 22e batterie du 12e régiment, 4 de campagne, commandant Carré.

La compagnie du génie maritime, commandant Lemaire, ingénieur de marine.

Le 28 janvier, réception de la dépêche ministérielle qui appelle le général Pélissier à d'autres fonctions, et incorpore son armée à l'armée des Vosges.

Mobilisés du Jura, de la Côte-d'Or et de Saône-et-Loire, 18,000 h.

Total de l'effectif au 28 janvier, 40,000 h.

Vous pourrez remarquer, Monsieur l'abbé, si vous vous donnez la peine de parcourir cette liste, que les corps étrangers ne figurent pas pour plus de deux mille hommes. Vous pourrez remarquer également que l'effectif de l'armée est représenté pour plus des deux tiers par les mobiles et les mobilisés. Ne craignez-vous donc pas, monsieur l'abbé, que nous leur racontions la façon dont vous les traitez? — (Ils sont tous électeurs.)

Puis, en dehors de l'entourage de Garibaldi, il faut cependant bien admettre qu'il y avait des hommes de cœur; permettez-moi de vous en citer quelques-uns, tous français.

Dans l'état-major, ce sont M. Bartholdi, grand artiste, plus grand cœur encore ; M. Loir, inspecteur des lignes télégraphiques; M. Martinet, employé supérieur des finances; M. Cortier; M. Caukler, ingénieur en chef des ponts et chaussées; etc.

Dans l'artillerie : le lieutenant de vaisseau Olivier, commandant l'artillerie de l'armée; M. Witz, capitaine de frégate, commandant les canonniers marins, (grande et noble figure que nous n'oublierons pas, c'était l'incarnation du devoir et de la loyauté) ; Malenfer et Carré, capitaines au 12e d'artillerie, braves gens s'il en fût ; Séné, cœur de jeune fille, courage de lion ; Rançon, vieux et loyal marin, tous deux commandant les batteries de la Charente; etc.

Dans l'infanterie : MM. Pelletier, Ordinaire, Nicolaï, Braun, Borel, Barthélemy, William, Lhost, Teinturier, Bruneau, de Combarieu; il faudrait tous les nommer, et ce serait trop long.

Et vous croyez que cette pléiade d'hommes de cœur aurait souffert que l'on accomplît sous ses yeux des actions lâches et infâmes, sans qu'aucune voix de protestation ne se fût élevée ; allons donc! monsieur l'abbé, il faut au moins être conséquent lorsque l'on veut porter des accusations absurdes.

A titre de renseignements, pour clore ce chapitre, j'ajouterai, monsieur l'abbé, que l'armée des Vosges est de toutes les armées de cette époque, celle qui a coûté le moins cher, proportionnellement à son effectif. J'ajouterai également que la discipline y a toujours été maintenue avec une grande fermeté, et cependant il était plus difficile qu'ailleurs de la maintenir intacte, car il était su de tout le monde que, pour se soustraire à l'autorité de Garibaldi, il suffisait de se rendre à Lyon où l'on était certain de trouver une protection efficace en s'adressant à Monseigneur.

Certains journaux ont voulu mêler les garibaldiens à tous les mouvements révolutionnaires qui se sont produits au moment de la signature de l'armistice; on les a vus partout portant le trouble et le désordre, à Paris, à Lyon, à Saint-Etienne, etc. — Où sont les preuves, est-ce dans les compte-rendus des conseils de guerre ? Je les suis avec attention et je ne crois pas que jusqu'à présent il ait été prouvé qu'un seul des accusés jugés par les conseils de guerre de l'armée de Paris ait fait partie de l'armée des Vosges, de même pour Lyon. A Saint-Etienne seulement, un ambitieux, Jolivalt, ancien capitaine d'état-major de l'armée, ayant fait partie de l'armée des Vosges comme chef d'état-major de la 2e brigade, a été impliqué dans le mouvement qui s'est si malheureusement terminé par la mort de Monsieur de l'Espée. Jolivalt était de Saint-Etienne.

Mais d'un autre côté demandez à M. le général Crouzat ; il est justement à Besançon, Monsieur l'abbé. demandez-lui quel est l'officier d'artillerie qui est allé le trouver un dimanche après dîner, je ne pourrais plus préciser la date. Cet officier était envoyé par M. le général Lavaud qui commandait 200 hommes à St-Etienne. Il venait à Lyon apporter des informations, demander des ordres et des renforts. Il s'était offert spontanément pour accomplir cette mission qui n'était pas sans danger ; il fallait traverser tous les postes des insurgés. Le soir il était de retour à St-Etienne. Le lendemain matin il faisait une reconnaissance minutieuse de l'Hôtel-de-Ville et de ses abords pour établir le plan d'attaque, dans le cas où il serait devenu nécessaire d'enlever l'Hôtel-de-Ville de vive force. Ce projet, discuté avec un colonel d'état-major arrivé dans la nuit, brave soldat rentrant des prisons d'Allemagne et déplorant d'être obligé de recommencer la guerre en se battant contre ses compatriotes, ce projet, dis-je, était adopté en entier. Heureusement on n'eut pas à l'exécuter. Cet officier, Monsieur l'abbé, s'honore d'avoir fait partie de l'armée des Vosges. C'était un garibaldien.

Lorsqu'après la démission de Garibaldi, l'amiral Penhoat est venu prendre le commandement de l'armée des Vosges, alors qu'un mouvement révolutionnaire menaçait d'éclater au Creusot, quelles sont les troupes qui y sont envoyées ? La brigade Menotti, parce que l'amiral savait qu'il pouvait compter sur elle et sur son chef, parce que dans l'armée des Vosges on ne distinguait pas la cause de l'ordre de la cause de la France.

Et ce sont ces gens-là que vous traitez si mal, Monsieur

l'abbé, oh'! tous peuvent relever la tête avec orgueil, car tous ont accompli leur devoir dans la limite de leurs moyens, et ce titre de garibaldien dont vous voulez les stigmatiser, vous en ferez pour eux un titre de gloire.

2° Vous accusez l'armée des Vosges d'avoir pillé des couvents. C'est vrai, Monsieur l'abbé, seulement vous parlez au pluriel quand il faudrait parler au singulier. On a pillé les caves du couvent des jésuites à Dôle; on a forcé les portes de la chapelle; on y a introduit des femmes et on les a fait servir à un culte qui n'était pas celui de la Vierge. Évidemment ces faits sont ignobles, honteux, répréhensibles, ils ont soulevé le cœur de tous les honnêtes gens, même celui de Garibaldi; mais écoutez l'histoire dans tous ses détails, vous pourrez juger de la part de responsabilité qui incombe à chacun, et je suis persuadé que lorsque vous le saurez, vous regretterez d'avoir évoqué cette affaire.

Le 26 octobre 1870, le général Cambriels, commandant Besançon et les forces de l'Est, donne ordre à la légion bretonne de se rendre à Dole et de se mettre à la disposition du général Garibaldi.

Cette légion était commandée par M. Daumalin, ancien officier de marine ; elle était forte de 800 hommes dont 60 bretons seulement ; elle comprenait beaucoup de marseillais et un corps de francs-tireurs du Gard. Elle arriva à Dole le 30 octobre ; on l'envoya tenir garnison au couvent des jésuites, parce que l'on supposait qu'un corps qui se targuait de ne marcher au combat qu'après avoir adressé une invocation à la Vierge, et qui comptait dans ses rangs deux aumôniers, saurait, mieux qu'un autre, respecter un établissement religieux. Dès le lendemain de l'installation de ce corps au couvent des jésuites, le concierge, qui seul était resté comme gardien de l'établissement, se présentait au quartier-général, il venait raconter les faits énoncés plus haut et demander justice.

J'ouvre le livre des ordres généraux de l'armée des Vosges et je copie textuellement.

(N° 34).   *Dole, 3 novembre 1870.*

AU COMMANDANT DE LA LÉGION BRETONNE.

Je vous ai confié l'autre jour une plainte rédigée sur certains faits qui se sont passés au couvent des jésuites que vous occupez.

Vous deviez me la retourner et me faire vous-même un rapport sur ce que vous auriez pu apprendre. Veuillez m'adresser de suite ces deux documents qui sont nécessaires au colonel Lobbia, qui est président de la commission chargée d'informer sur tous les faits de police et de justice militaire.

Le colonel d'état-major, BORDONE.

(N° 37). *Dole, 9 novembre 1870.*

AU COMMANDANT DE LA LÉGION BRETONNE.

Des faits étranges provenant d'ordres qui émanent des chefs de la légion se passent et ne peuvent être tolérés. 1° Un officier est incarcéré sans qu'aucun rapport sur le motif de son incarcération ne nous soit parvenu. 2° Malgré nos réclamations, officieuses jusqu'ici, mais qui deviennent officielles à dater de cet instant, on ne m'a pas retourné le rapport confié au commandant sur les faits regrettables qui se sont passés au couvent des jésuites et sur lesquels il devait faire lui-même une enquête.

Enfin, j'apprends que le chef de la légion, avant-hier commandant, hier lieutenant-colonel, aujourd'hui colonel, néglige de nous faire connaître ses agissements.

Nous ne tolérerons pas plus longtemps des actes qu'on peut considérer dans la légion bretonne comme des actes de pure indépendance.

Nous enjoignons donc au commandant de faire immédiatement droit à toutes les demandes contenues dans cet ordre.

Le colonel chef d'état-major, BORDONE.

10 heures 1/2 du matin.

Vous le voyez, Monsieur l'abbé, on veut punir ; et comme cela se pratique toujours en pareil cas, à moins qu'il n'y ait des motifs particuliers de suspicion, il est ordonné au chef de corps de procéder à une enquête et de désigner les coupables que la justice attend. Pourquoi la vindicte publique n'a-t-elle pas été satisfaite? Pourquoi la justice attend-t-elle encore? Parce que la légion bretonne, incorporée à l'armée des Vosges en vertu d'ordres régulièrement donnés, a trouvé bon de se soustraire par la désertion à une autorité qui ne tolérait aucun cas d'indiscipline, aucun désordre.

Voici les faits dans toute leur exactitude. Le gouvernement transmet à l'armée des Vosges l'ordre d'abandonner la ligne du Jura pour venir couvrir le Morvan et les montagnes de Tarare dont un ennemi audacieux aurait pu s'emparer, et par ce fait, faire tomber la ligne de la Loire ; elle doit transporter son quartier-général de Dole à Autun. La légion bretonne reçoit son ordre de marcher avec heure fixe pour son embarquement en chemin de fer; sa destination était Autun. Mais, pendant le trajet, elle fut détournée de sa destination par l'ordre de son commandant qui parvint, je ne sais comment, à faire continuer la marche de son convoi sur Lyon ; désertion en présence de l'ennemi, compliquée d'embauchage: cas prévu par les lois militaires de tous les pays et généralement puni de mort, aussi, même avant qu'aucune plainte lui fût parvenue, le général Bressolle, qui commandait à Lyon, donnait-il l'ordre de faire arrêter Daumalin, de le livrer à la prévôté de l'armée des Vosges et de faire repartir immédiatement la légion bretonne pour Autun. Et cependant M. Daumalin n'a jamais été livré à la prévôté de l'armée; et nous n'avons plus revu la légion bretonne ; le général Bressolle lui-même dut s'incliner devant une haute influence qui les couvrit de son égide. Voilà, Monsieur l'abbé, ceux qui pillaient les couvents, et voilà pourquoi justice n'a pas été faite. Pourriez-vous me dire quelle était cette haute influence, et cette légion bretonne, qui savait si bien piller les couvents, qui désertait en masse en présence de l'ennemi avec une si agréable désinvolture ? Ne serait-elle pas par hasard celle dont vous avez fait du haut de la chaire d'Héricourt un si pompeux panégyrique. Elle marchait au combat couverte des plis d'une bannière bénie par le pape, mais après le combat l'église d'un pauvre village de la Haute-Saône est traitée exactement comme la chapelle des jésuites de Dole. Demandez aux habitants d'Etalans, Monsieur l'abbé, ils pourront vous donner des nouvelles de la légion bretonne et du cas qu'elle faisait de sa bannière bénie.

3° On a arrêté et incarcéré des prêtres. — Encore une accusation qu'il faut porter au singulier, Monsieur l'abbé; oui on a arrêté et incarcéré un prêtre, le curé de Cernans, qui du haut de la chaire prêchait la haine contre le gouvernement établi, la guerre civile et mettait à prix la tête de Garibaldi, et cela dans un pays occupé militairement, à deux lieues des avant-postes prussiens; évidemment c'était un fou, mais c'était un fou dangereux qu'il fallait empêcher de nuire, on pouvait, on devait peut-être le traduire devant un conseil de guerre, on s'est contenté de le remettre à la justice ordinaire avec prière de l'empêcher de nuire pendant quelque temps.

4° L'armée des Vosges s'est laissé surprendre par les troupes de Manteuffel, et au lieu d'employer les 35,000 hommes que vous lui donnez, elle s'est enfermée dans Dijon, livrant le passage aux prussiens qui, par Gray, Dole et Mouchard, ont envahi les plateaux du Jura et déterminé le désastre de l'armée de l'Est.

De toutes vos accusations, Monsieur l'abbé, celle-ci est certainement la plus grave. Il s'agit ici d'une armée entière, de 130 mille français que nous aurions livrés comme Judas a livré le Christ. Cette accusation a été si souvent portée, on l'a présentée de telle manière, on l'a répétée avec tant d'instances, que même des admirateurs de Garibaldi l'ont accueillie et l'ont répétée; eh bien elle est fausse, fausse comme tant d'autres. Non, l'armée des Vosges n'a pas été surprise. Ceux qui la dirigeaient ont aperçu le danger; ils ont averti alors qu'il était encore temps d'y parer. Non l'armée des Vosges ne pouvait pas empêcher la marche des prussiens; et cependant si tôt qu'il lui a été possible de faire un mouvement, elle a essayé de tendre la main; mais laissons parler les faits, eux seuls sont positifs.

Lors de la marche en avant de l'armée de l'Est, le gouvernement avait imposé à l'armée des Vosges l'ordre d'occuper Dijon, de s'y maintenir inébranlablement (ce sont les termes de la dépêche,) tout en conservant la ligne Dijon-Autun. Le général Cremer devait, avec sa division, être placé sous les ordres de Garibaldi et défendre la ligne Gray-Dijon. Voilà ce que devait faire l'armée des Vosges, et c'était déjà beaucoup lui demander, car dans les premiers jours de jan-

vier son effectif ne dépassait pas 16,000 hommes. Cremer,
je crois, disposait de 17 à 18,000 hommes. Comment les ordres
du gouvernement sont-ils exécutés ? Menotti avec sa brigade
occupe fortement la vallée d'Ouche, il défend la ligne Dijon-
Autun qu'il importe de conserver à tout prix, car c'est la
route de Lyon, du Creusot, de St-Etienne, des montagnes
de Tarare ; c'est notre ligne de retraite naturelle en cas de
malheur; c'est la route de Moulins surveillée, par conséquent
la gauche de l'armée de la Loire couverte.

Garibaldi occupe Dijon, où il se hâte de se fortifier; une
de ses brigades, qui ne compte encore que 2,000 hommes,
est lancée en avant pour tâcher d'établir un concert avec le
général Meyer qui occupe Langres et dispose de nombreuses
troupes ; ce concert doit aboutir à occuper la ligne Langres-
Dijon par une succession de postes de francs-tireurs, former
un rideau en avant de Dijon et de la ligne Gray-Dijon.
Pour lui servir d'appui, le val de Suzon est fortement occupé
par une partie de la 1re brigade. Cremer, avec toute sa division, est en avant de Dijon, sur la route de Gray. Voilà la
position dans les premiers jours de janvier. Le général Pélissier est à Dijon avec les mobilisés du Jura et de la Côte-
d'Or; mais ces troupes sont en formation et ne peuvent
rendre aucun service. Du reste le général Pélissier n'est
pas placé sous les ordres de Garibaldi ; notre artillerie,
3 batteries de campagne et 3 de montagne, est complète-
ment immobilisée pour la défense de Dijon ; nous n'avons
pas une seule pièce disponible.

Mais le général Cremer, qui d'après le dire du gouvernement allait être placé sous les ordres de Garibaldi, conserve
cependant sa liberté d'action; il lui est seulement recom-
mandé de concerter ses opérations et d'agir sous l'inspiration de Garibaldi. Hélas! pourquoi ne l'a-t-il pas fait ? Le
8 janvier est la date de la dernière dépêche qu'il ait adressée
au quartier-général de l'armée des Vosges. Depuis cette
époque on n'entend plus parler de lui ; il a suivi le mouvement de l'armée de l'Est et marché vers le nord, sans même
prévenir ceux qu'il laissait derrière lui. En vertu de quel
ordre, sous quelle inspiration a-t-il agi ? Nous n'en savons
rien ; mais son départ était une faute énorme : la ligne de
la Saône n'est plus défendue, la route du Jura est ouverte.

Sitôt connue, cette faute est signalée au gouvernement. L'état-major de l'armée des Vosges demande des renforts pour pouvoir boucher le trou ouvert par le départ de Cremer. L'effectif de l'armée des Vosges n'est que de 16,000 hommes, et cependant elle occupe tout le triangle compris entre Autun, Langres et Dijon; il faut surtout de l'artillerie, car pas une de nos pièces de campagne n'est disponible. Toutes, sans en distraire une seule, sont nécessaires à la défense de Dijon.

Je ne puis résister au désir de citer la fin d'une lettre du chef d'état-major, adressée au ministre de la guerre, car elle stéréotype pour ainsi dire la situation.

« Le gouvernement oublie donc ce que nous faisons ici depuis que nous y sommes, comme il oublie de nous envoyer les hommes, les armes et les canons qui nous ont été promis.

» Si j'étais prussien et habile comme l'ont été quelques-uns des officiers ennemis, dans la position actuelle de nos forces, je pousserais hardiment en avant par Dijon, Dole et Mouchard. Je passerais sur le corps des troupes sans artillerie ni cavalerie qui sont devant moi, et j'irais détruire les lignes ferrées de Besançon et de Belfort. Jusqu'ici l'ennemi a été trompé et retenu par nous, c'est pour cela que je vous supplie, car je ne suis pas prussien, de nous faire envoyer le plus tôt possible les renforts, surtout les canons promis, afin que nous puissions une bonne fois aller de l'avant. »

Je crois que la date de cette lettre est du 10 janvier; à cette époque aucun corps prussien n'avait encore passé nos lignes, c'est-à-dire qu'aucun n'avait passé de l'ouest à l'est par le sud de Langres.

Vous le voyez, Monsieur l'abbé, le danger est prévu, il est annoncé, on le montre du doigt; non-seulement on le montre, mais on fait l'impossible pour le conjurer : une de nos brigades entière va s'établir sur le plateau de Montbard; la position du val Suzon est renforcée; la ligne de Dijon-Langres est couverte partout, mais le rideau n'a pas de profondeur; nous ne disposons en tout que de 16,000 hommes et nous n'avons pas un canon disponible; et puis l'ordre du ministre est positif : défendez à tout prix Dijon et la ligne Dijon-Autun ; de là impossibilité de défendre les passages de la Saône qui sont en arrière de notre centre d'action. Les troupes que nous y aurions employées n'auraient pu nous rejoindre, elles étaient forcément coupées de la masse principale de l'armée, le jour où Dijon aurait été attaqué. Il fallait donc, d'une part, employer toute notre artillerie de campagne au service de la place (et elle était bien loin d'être suffisante), de l'autre surveiller les troupes que l'ennemi avait détachées de l'armée de la Loire pour venir s'emparer de Dijon, et que nous retenions devant le rideau jeté en avant : c'étaient les corps de Zastrow et de Kettler, plus de 30,000 hommes.

A la date du 13 janvier, le chef d'état-major de l'armée des Vosges écrivait au délégué de la guerre, à Bordeaux :

« Depuis trois jours circulent ici, et arriveront probablement à Bordeaux, des nouvelles contradictoires sur la marche et les projets de l'ennemi. Elles émanent de . . . . . . et de . . . . . . ; je dois vous mettre en garde contre elles ; j'ai vu hier le commandant des éclaireurs du général Billot inquiet pour sa gauche, ainsi que pour Bourbaki, je lui ai fait connaître la position de tous les corps avec lesquels nous éclairons toute la gauche de l'armée de l'Est au-dessous de Langres ; je lui ai conseillé d'aller éclairer lui-même du côté de Chaumont, où nous ne pouvons pas agir.

» Nous avons eu quatre jours de suite des engagements heureux vers Semur, Montbard et Châtillon, avec les troupes de Zastrow qui, avec 17 ou 18,000 hommes, cherche à masquer le mouvement qui se prononce de plus en plus de Nuits-sous-Ravière sur Chaumont.

» Bombonel, attaché à l'armée de Bourbaki, sert, dit-on, d'éclaireur sur les deux rives de la Saône.

» Dijon sera sous peu à l'abri d'un coup de main, il n'est pas menacé pour le moment.

» Nous attendons les troupes et les armes que vous nous avez annoncées et ferons notre devoir, plus si c'est possible, mais débarrassez-nous de . . . . . . et remplacez-le par un chef plus actif et plus capable, surtout envoyez-nous les canons promis pour la défense de Dijon.

» Je persiste à vous dire qu'en arrière du corps de Zastrow les forces ennemies qui vont dans l'est mettent la plus grande hésitation dans leurs mouvements; elles suivent la ligne Châtillon, Auxerre, Nuits-sous-Ravière et Chaumont. »

Le chef d'état-major : BORDONE.

Donc le gouvernement est prévenu, on lui signale pour la vingtième fois peut-être des rassemblements et des mouvements de troupes en avant de nos lignes; cependant l'ennemi hésite, car il croit avoir devant lui toute l'armée des Vosges; grâce à la vigueur de nos avant-postes, il a été trompé et ne se hasarde que timidement à exécuter une marche qui présente son flanc. L'armée de l'Est aussi est prévenue, on a dit à un de ses officiers supérieurs, envoyé en mission, voilà où nous sommes, voilà ce que nous faisons, mais nous ne pouvons pas faire plus, c'est à vous qui disposez de 130 mille hommes à faire le reste.

A la date du 16 janvier, nos positions sont intactes; pas un prussien ne les a encore traversées. Nous occupons le plateau de Montbard, nous avons des avant-postes à Semur, à Viteaux, nous occupons Fontaine-Française, Grancey et le val de Suzon, nous avons forcé, par une suite d'engagements heureux, les prussiens à remonter vers le plateau de Langres, où, nous l'avons dit, le général Meyer dispose d'une armée plus considérable que la nôtre et d'où l'on peut bien plus que nous ne le pouvons nous-mêmes inquiéter les prussiens dans leur marche vers l'est.

Après cela qu'on vienne dire que nous avons été surpris à Dijon.

Le 12 janvier le mouvement des prussiens se dessine : ils vont envahir la Haute-Saône; Gray est menacé.

Voici la dépêche du commandant de Langres qui nous avertit.

GÉNÉRAL MEYER A COLONEL BOMBONEL, A GRAY,
A GÉNÉRAL PELISSIER, A DIJON, ET BOURBAKI.

Vous avez été informés, avant-hier, d'un fort mouvement de troupes dans la vallée de l'Aube; il y a eu un engagement hier, à Maret, entre troupes de Langres et ennemis. Avisez général Cremer, général Bourbaki et faites surveiller du côté de Récy et Grancey. En même temps que l'ennemi pointe vers l'Aube on me signale beaucoup de trains de Châtillon et Chaumont. Informez Dijon; recommandez à vos hommes de Savoie de bien se garder du côté d'Auberive.

Signé : MEYER, à Langres, BOMBONEL, à Gray.

Cette dépêche, qui ne nous est remise que le 13 au soir, est datée du 12 janvier.

La Haute-Saône est envahie : les prussiens marchent sur Gray en descendant du nord au sud. Le 15, plus de vingt dépêches les signalent, le 16, Bombonel qui commence à comprendre le danger, télégraphie.

Envoyez-moi de suite renforts sur Gray, par chemin de fer, éclaireurs vus à Autrey, 10 kilomètres de Gray, je n'ai que 100 hommes à Gray.

BOMBONEL.

Le 18. il adresse de nouveau cet appel désespéré :

COLONEL BOMBONEL A GÉNÉRAL BOURBAKI, A ARCEY. A PRÉFET, VESOUL, A GÉNÉRAL, BESANÇON, A COMMANDANT DE PLACE, AUXONNE, A GÉNÉRAL, DIJON.

Attaqué ce soir par prussiens à Gray, ils sont nombreux, nous sommes 200 hommes, envoyez renfort, les mobilisés ne sont pas arrivés, toscin du côté de Mantoche.

BOMBONEL.

Les renforts qu'on lui envoyait ne sont pas arrivés, quels étaient ces renforts et qui les envoyait? Nous n'en savons rien. Bombonel n'est pas de notre armée, aussi nous sommes les derniers auxquels il s'adresse pour le secourir, et dans ce moment nous n'avions pas 3,000 hommes à Dijon; toute l'armée des Vosges se trouvait échelonnée en avant jusqu'à Semur, Saulieu et Montbard, et puis quand même nous le pourrions, nous ne pouvons pas secourir Bombonel et aller défendre les passages de la Saône sans abandonner Dijon, et l'ordre du ministre est positif, nous avons prévu une marche en avant pour l'époque où nous pourrons abandonner Dijon à ses propres forces, voici la réponse du ministre.

17 janvier.

GUERRE A GÉNÉRAL GARIBALDI, DIJON.
(Urgent).

Je m'occupe de l'envoi des canons pour défendre Dijon, je vous remercie des soins que vous donnez à l'étude des défenses extérieures. Quelque soit mon désir de vous voir porter votre quartier-général plus au nord, je vous prie cependant de ne pas quitter Dijon avant que nous soyons d'accord par dépêche sur la nouvelle position à occuper.

J'apprends que les mobilisés de l'Isère, dont la neige avait entravé le départ, se sont remis en route pour Dijon.

Signé : DE FREYCINET.

Le 16 janvier, un mouvement de concentration remarqué parmi les troupes ennemies que nous avons sur notre gauche et devant nous, nous a obligés à modifier et à renforcer quelques-unes de nos positions. Nous occupons les environs de Semur et de Montbard par les corps du lieutenant-colonel Eudeline, du commandant Braun, du commandant Lhost. La position du val de Suzon est occupée par les troupes de la 1re brigade, dont le quartier-général est à Fontaine-les-Dijon; enfin la 3e brigade, dont le quartier-général est à Talant, surveille la vallée d'Ouche et continue de couvrir par de nombreux postes avancés les routes qui mènent à Autun.

Nous sommes à la date du 16 janvier, pendant que l'armée de Bourbaki est à Montbéliard et Héricourt, à quatre jours de date de l'attaque de Dijon par les prussiens et seulement avec notre petite armée d'Autun considérablement diminuée par des fatigues excessives sous un froid intense et par une épidémie de variole; qu'on oublie pas, non plus, que le ministre nous ordonne de ne pas quitter Dijon avant d'avoir établi un nouveau concert avec lui; n'importe, nous

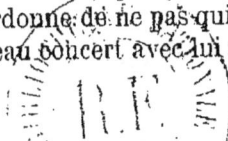

2

avons promis de faire l'impossible, nous tenons notre promesse, et cependant il ne reste pas 14,000 combattants valides. Nous ne pouvons pas disposer d'une seule pièce d'artillerie, et pour toute cavalerie, 117 cavaliers montés. Le 16, les compagnies d'Oran et les tirailleurs franc-comtois ont un vif engagement, en avant de Verrey, contre les troupes de Zastrow. Le 17, les éclaireurs de la 1re brigade, qui occupent Val-Suzon, réunis à des détachements des francs-tireurs du Rhône et de Vaucluse, conduits par le commandant Lhost, attaquent Chanceaux où les prussiens se sont retranchés pour couvrir un convoi considérable. Chanceaux est enlevé, le convoi pris. Tous les jours nos avant-postes sont engagés. Cela prouve bien que l'ennemi était devant nos lignes, mais cela prouve aussi qu'il ne passait pas au travers ; nous avions sur notre gauche les troupes de Kettler, devant nous celles de Zastrow, 30,000 hommes immobilisés par l'occupation de la ligne de Montbard, Semur et Saulieu ; tandis que nos pointes poussées sur la droite contiennent celles qui sont dans la direction de Mirebeau et d'Is-sur-Tille, sous le commandement du général du Trossel ; c'est en ce moment que la dépêche de Bombonel, communiquée par l'état-major de l'armée des Vosges au gouvernement, amena une observation relative à l'occupation de Gray menacé par les prussiens, Garibaldi répondit en ces termes :

18 janvier.

Une colonne de 1,500 hommes, commandée par le colonel Lobbia, était hier à Fontaine-Française pour exécuter une mission confiée par vous au commandant Kauffmann ; 2,500 hommes sont échelonnés depuis Vitteaux, Verrey, Saint-Seine et Val-Suzon ; divers engagements ont eu lieu hier sur la route d'Is-sur-Tille, fortement occupée par l'ennemi ; si je dois défendre Dijon, il m'est impossible d'occuper Gray.

GARIBALDI.

A son tour, le chef d'état-major télégraphiait à M. de Freycinet :

C'est parce que je crois qu'on défend mieux une ville en en faisant respecter les approches, que je n'ai eu, hier, malgré la dépêche de Bombonel, aucune crainte sur Gray, car si quelqu'un lui a ordonné de la défendre, ça ne peut pas être avec les 100 hommes dont il parle, et celui qui l'a placé là doit être nécessairement prêt à le soutenir; ici trop de gens commandent. Garibaldi vous a dit quelles étaient les positions de ses troupes; quant au service du chemin de fer, il serait nécessaire, au point de vue du ravitaillement, de prendre des mesures sévères, je vous ai déjà signalé M. ***, chef de cette administration, comme malintentionné sinon comme dangereux, et vous n'avez rien fait contre lui. Donnez-moi autorité pour faire mettre en état le chemin de fer de Châlons à Dole, qui servira puissamment comme voie de dégagement. Je vous avais déjà demandé cela à Dole au mois d'octobre, il ne manque qu'un peu de ballast; tel qu'il est, il a déjà servi pour des transports de troupes et de matériel. Si vous préférez, donnez des ordres directs à cet effet.

Le mouvement des prussiens vers l'est s'accentue de plus en plus, et s'il reviennent sur Gray, ce ne peut être que par une marche du nord au sud que nous ne pouvons empêcher.

Les démonstrations faites, ces jours derniers, sur Montbard, Baigneux et Dijon, ont pour but de masquer cette marche lente et embarrassée sur Vesoul et Lure, car le chemin de fer, grâce à nous, ne peut leur servir au delà de Nuits-sous-Ravière. Ils nous ont rencontrés partout où ils se sont présentés sans pouvoir nous faire rétrograder jusqu'à présent; l'occupation de Gray et Dijon n'est pas possible avec les forces dont nous disposons, envoyez-nous renforts et canons promis, alors nous pourrons agir sans que Dijon soit absolument compromis.

L'affaire de Talmay à amené une première fois la capitulation de Dijon, je ne veux pas une seconde fois faire prendre les troupes de Pélissier qui ne savent encore ni se garder ni combattre, comme ont été prises celles de Lavalle.

Hier déjà, une panique des gens de Dijon et la retraite coupable de quelques fonctionnaires m'ont obligé de faire surveiller plus attentivement les abords. Si on raisonne à *posteriori*, personne n'a le droit de dire que jusqu'à présent nous nous soyons trompés en rien; et si à Besançon Gambetta nous avait écoutés, ces pays ne seraient pas souillés par l'ennemi; nous serions dans les Vosges; je ne veux pas plus me séparer de Garibaldi que lui de moi; on lui a, pour des motifs que je ne veux pas discuter, refusé toute autorité officielle sur des chefs français qui ont toujours subi moralement son prestige quand ils ont été en contact avec lui, seul vous avez pu nous juger et nous apprécier, nous en sommes fiers et nous vous ferons honneur. J'ai sous les yeux la dépêche où vous me dites de ne pas quitter Dijon avant nouveau concert avec vous. Vous verrez dans quelques jours à qui les événements donneront raison.

BORDONE.

Dans la journée du 18, nous recevons enfin les 12 premières pièces de position destinées à l'armement de Dijon; dans la nuit elle seront mises en place, elle vont servir à armer les redoutes de Mont-Muzard, de Laboudronaire, de Bel-Air et de Saint-Appolinaire, il n'en manque plus que 20, non pour compléter, mais pour ébaucher seulement l'armement de la place, et puis il n'y a pas d'artilleurs pour les services, nous devons détacher une partie du personnel de nos batteries de campagnes; n'importe, nous avons maintenant une de nos batteries de montagne disponible; nous allons en profiter pour exécuter une reconnaissance en force dans la direction d'Is-sur-Tille, où des avant-postes prussiens se sont fortement établis, et nous ne savons pas ce qu'ils peuvent couvrir.

Mais les nouvelles reçues de la Haute-Saône nous montrent ce département complétement envahi. Gray menacé depuis le 16 sera certainement occupé demain; on nous signale même des corps descendant la vallée de la Saône et marchant dans la direction de Dijon; de là, la nécessité de modifier de nouveau nos positions, car notre droite, dont les avant-postes sont partout en présence de l'ennemi, va se trouver exposée a être prise entre deux feux, et, comme elle est trop étendue, elle pourrait être coupée de la masse principale de l'armée, enlevée ou détruite.

Nous ne savons pas encore quelle est la force des corps prussiens qui opèrent aux environs de Gray; mais nous savons qu'il ne leur faut que deux marches pour être sur nous, et il faut plus de deux jours à notre extrême droite pour se replier. Dans l'armée, tout le monde comprend que le danger devient imminent. Nous nous sentons pressés de toutes parts, mais nous sommes pleins de confiance, puis, les renforts promis depuis si longtemps vont enfin paraître. Le 19 doit arriver la 1re légion des mobilisés de l'Isère; le 20, la 2e; alors nous pourrons présenter en ligne près de 20 mille hommes dont plus de 15 mille ont reçu le feu.

Le 20 janvier, nous avions devant nous, comme nous l'avons su plus tard, menaçant notre gauche, les corps de Kettler et de Zastrow, plus de 30,000 hommes devant notre centre. Le général du Trossel, avec 10,000 hommes, arrivait à marche forcée sur notre droite, et tendant à se lier avec les troupes de Trossel, les brigades des généraux Hartmann, Hoblinski, Han von Vegherm et Stupnagel, appartenant au corps d'armée du général Francecki ; plus de 60,000 hommes combinant leurs efforts pour venir attaquer Dijon. Mais l'attaque qui devait avoir lieu le même jour, sur quatre points différents, a été, au contraire, divisée en trois journées; elle avait été basée, d'une part, par notre reconnaissance des 19 et 20 sur la route d'Is-sur-Tille, et par la contenance de la 1re brigade, occupant le Val-Suzon, Pasque et Etaule, qui avait empêché les prussiens de déboucher à temps par Bligny-le-Sec et Villeconte.

Je ne vous raconterai pas les trois journées de Dijon, monsieur l'abbé; elles ont été glorieuses et pour l'armée des Vosges et pour la France. Malheureusement, nous n'avons pas pu profiter de tous nos avantages, nous n'avions que 200 hommes de cavalerie, et toute notre artillerie de campagne était encore immobilisée par la défense des positions.

Mais je ne puis résister au désir de vous raconter la brève réponse de Garibaldi à un notaire de Messigny envoyé par les prussiens pour traiter de la reddition de la place sous menace de bombardement, si le lendemain à sept heures et demie du matin, Dijon n'était pas évacué.

« Allez dire à ceux qui vous ont envoyé que je les attends, et que s'ils ne viennent pas, demain je serai en mesure d'aller les chercher. »

Cette belle réponse faite, dans la nuit du 22 au 23, en présence de M. Dubois, maire de Dijon, du préfet, du général

Pélissier et racontée immédiatement, exalte l'enthousiasme; tout le monde veut marcher à l'ennemi.

Les prussiens sont effectivement revenus le 23, mais ils n'ont rien bombardé, et ils sont repartis en laissant sur le terrain plus d'un quart de l'effectif des corps qu'ils avaient engagés.

Non, l'armée des Vosges n'a pas été surprise; plus de 20 dépêches officielles en font preuve. Vous avez vu les principales; non, elle ne s'est pas enfermée dans Dijon; elle n'a pas, par son inaction, laissé passer les troupes de Manteuffel.

On lui avait demandé d'occuper Dijon inébranlablement, de couvrir la ligne Dijon, et cependant elle empêche, dans son rayon d'action, la translation des prussiens de l'ouest à l'est. Que fait-elle? Elle occupe invariablement la ligne de Montbard, Semur, Saulieu; par ses pointes répétées, elle force à plusieurs reprises les prussiens à évacuer Auxerre, Avallon et même Châtillon; une de ses colonnes, lancée dans la direction de Langres, manœuvre entre Fontaine-Française, Grancey et le plateau de Langres, de manière à forcer toutes les troupes ennemies qui vont dans l'est, à passer pour ainsi dire sous le canon de cette place forte, ou au-dessus pour redescendre ensuite dans la vallée de la Saône. A la date du 20 janvier, toutes ces lignes sont intactes, et je défie qui que ce soit de prouver qu'aucun prussien les ait traversées.

Et cependant ce programme, pour l'exécution duquel on avait promis à Bordeaux des renforts qui devaient élever son effectif au chiffre de 40,000 hommes, elle l'exécute sans avoir reçu ni un homme, ni un fusil, ni un canon nouveau. Du 10 au 24 janvier, il ne se passe pas de jour sans qu'un de ses corps ne soit engagé: partout où l'ennemi se présente partout elle le rencontre; mais il arrive un moment où l'ennemi, remplissant la vallée de la Saône, la force de replier ses corps trop en l'air et de les concentrer autour de Dijon; elle ne cède le terrain que pied à pied, et jusqu'au dernier moment elle empêche les troupes de Zastrow de se réunir à Manteuffel; mais alors, depuis 6 jours déjà, Gray est occupé, les passages de la Saône sont conquis ainsi que ceux de l'Ognon; Dole est menacé. (Voyez les dates.)

Voyez la dépêche du général Meyer, commandant à Langres, en date du 12 janvier : il prévient tous ceux qu'il croit derrière lui de se garder; il s'adresse à Cremer, car lui non plus n'a pas été prévenu du départ de ce général; il s'adresse à Bombonel qu'il sait à Gray; il prévient à Recy et Grancey, où se trouvent les francs-tireurs du Mont-Blanc et de Savoie qui font partie de l'armée des Vosges.

Donc, le 12 janvier, les prussiens ont forcé le passage au-dessus de Langres; ils vont descendre la vallée de la Saône, prendre l'armée des Vosges entre deux feux. Est-ce clair? A partir de ce jour, tombe la ligne de défense Dijon-Langres, et cependant ce n'est que le 20 janvier qu'elle est abandonnée par nous, ce n'est qu'après le 25 janvier que Zastrow et Manteuffel peuvent se rejoindre; mais ils n'auront pas la satisfaction de se donner la main dans Dijon, qui était leur objectif imposé par la direction militaire de Versailles, comme nous l'apprîmes dans la nuit du 25 au 26 janvier, lors de la prise de la brigade télégraphique prussienne envoyée directement de Versailles pour venir occuper Dijon que l'on croyait pris.

A la date du 12 janvier, même du 18, il était encore possible de tout sauver; on pouvait rappeler Cremer sur la Saône, il pouvait encore arriver à temps. A son défaut, Besançon, qui regorgeait de troupes, pouvait détacher 10,000 hommes pour disputer les passages de la Saône. Le 18 il était encore temps de disputer la ligne du Doubs. Qu'on veuille bien se rappeler quel était le peu de force des premiers détachements prussiens qui ont traversé la Saône et se sont précipités à marches forcées sur Dole, Mouchard et Lons-le-Saunier, et l'on comprendra facilement que seulement avec l'apparence de la défense, on gagnait plusieurs jours, car on les forçait à une concentration. On aurait ainsi donné à l'armée de Bourbaki vaincue le temps d'effectuer sa retraite sur Bourg, où était le salut.

Nous ne nous sommes pas donné pour mission de rechercher à qui incombe la responsabilité; nous n'avons qu'un but, de prouver que l'armée des Vosges a fait son devoir, plus que son devoir, nous pouvons le dire hautement.

Mais qu'on ne vienne pas, dans un moment de dépit causé par l'insuccès des opérations d'une autre armée, ou dans un but de dénigrement trop facile à reconnaître, prétendre que l'armée des Vosges a été sans utilité pour la France. Il est de notre droit et de notre devoir de repousser le blâme que l'on veut nous jeter, et de le renvoyer à ceux qui l'ont mérité. On sait que Garibaldi ne voudra pas descendre jusqu'à se justifier ; on en profite, et c'est lâche.

Voyons maintenant ce que va faire l'armée des Vosges pour essayer de tendre la main à Bourbaki, que l'on sait dans une fausse position. Nous sommes au 24 janvier, lendemain d'une bataille où tous nos corps ont été engagés. Notre effectif est de 22,000 hommes, moins les pertes du champ de bataille que l'on ne connaît pas encore ; nous avons reçu dans la nuit 12 nouvelles pièces de position, ce qui rend disponibles deux de nos batteries de campagne et trois batteries de montagne ; on nous annonce pour demain l'arrivée d'une nouvelle batterie de campagne du 10e d'artillerie, et dans cinq ou six jours nous devons recevoir un régiment de cavalerie, le 11e de marche. Les prussiens sont toujours en force sur notre gauche, mais n'osent nous attaquer. Le 25 et le 26 nous lançons des reconnaissances pour déterminer exactement leur nombre et leurs positions.

On nous signale une colonne de 20,000 hommes marchant sur Port-d'Ouche pour venir couper nos communications avec Autun ; nous faisons défendre ce point qui n'est que faiblement attaqué. Les prussiens se retirent vers le nord ; nous demandons partout des renseignements de l'armée de Bourbaki, nous envoyons des officiers déguisés jusqu'en Suisse. Une colonne de 6,000 prussiens est à Mirebeau, une autre de 4 à 5,000 est entre Pesmes et Pontaillé. Dole est occupé depuis plusieurs jours ; des colonnes en sont parties pour aller s'emparer de Mouchard et de Lons-le-Saunier. Garibaldi comprenant qu'en cas de revers l'armée de Bourbaki peut être fortement inquiétée sur ses derrières, détache le commandant Baghino, avec la mission de s'emparer des bois de la Crochère et de la position du mont Roland qui domine Dole : la brigade Menotti s'échelonne entre Dole et Saint-Jean-de-Losne et se tient prête à agir sur le flanc droit de l'ennemi et à concourir à l'action que nous espérons voir s'engager entre Lons-le-Saunier et Mouchard. Ces mouvements sont terminés le 28 ; le 29, les prussiens abandonnent Dole que commande la position du mont Roland.

Le 28 au matin, Garibaldi reçoit la dépêche suivante :

Extrème urgence, Guerre à Garibaldi, Dijon.

En réponse à votre dépêche de ce soir 12 h. 35, nous remettons entre vos mains le commandement total des forces réunies à Dijon et dans le département de la Côte-d'Or.

Vous savez mieux que moi, général, que les grandes situations imposent de grands services. Vous avez habitué le monde à vous les voir remplir; ce que nous vous demandons aujourd'hui en retour de l'unité de commandement que nous créons pour vous, c'est à la fois d'assurer inébranlablement la défense de Dijon et de diriger sans délai une expédition sur Dole et Mouchard, en vous mettant en rapport avec le général Bourbaki, à Besançon, de manière à produire une diversion utile à ce général. La tâche est difficile, mais elle n'est au-dessous ni de votre courage ni de votre génie. Répondez si nous pouvons compter sur cet appui de votre part. Je donne ordre aux mobilisés de Saône-et-Loire de se diriger sur Dijon. Je hâte l'envoi de nouveaux renforts.

DE FREYCINET.

A cela Garibaldi répondit :

« Merci de votre confiance; exécuterai vos ordres avec tout mon dévouement; Menotti part pour Bourg; avons envoyé officiers vers Pontarlier et civils en Suisse, car sommes sans nouvelles de Bourbaki. »

Il aurait pu ajouter : Comme j'ai prévu vos ordres depuis deux jours, déjà on en a commencé l'exécution.

Donc le 28 janvier Garibaldi se trouve investi du commandement de toutes les troupes qui se trouvent dans la Côte-d'Or. L'effectif de l'armée des Vosges se trouve porté à 40,000 hommes. La journée du 28 est employée à assurer la défense de Dijon.

Le 29 janvier on venait d'annoncer au ministre l'occupation définitive de Mont-Roland, l'évacuation de Dole par les prussiens, la marche précipitée de Garibaldi sur Bourg et Lons-le-Saunier. On lui disait que nous jugions nécessaire de faire quelques travaux de défense à Mont-Roland, car l'ennemi était encore en force vers Pesmes et Gray. Le mi-

nistre nous répondit en nous annonçant l'armistice ; au moment où nous recevions cette nouvelle, nos avant-postes
étaient engagés sur une grande étendue dans la direction
de Pesmes et de Gray, nous avions fait des prisonniers et
l'ennemi était repoussé. Nous nous arrêtâmes immédiatement. Hélas, nous ne nous doutions guère que cet armistice n'était qu'un leurre qui nous condamnait à l'immobilité,
tandis que les prussiens, continuant leur marche, allaient
achever d'accabler l'armée de l'Est, pour revenir ensuite
avec toutes leurs forces réunies sur nous ; car pour nous il
n'y avait pas d'armistice.

Bordeaux, 28 janvier (6 heures soir).

GUERRE A GÉNÉRAL GARIBALDI.
(Extrême urgence).

Je viens confier à votre grand cœur la situation de notre
armée de l'Est et vous demander votre appui pour elle,
vous seul pouvez en ce moment tenter en sa faveur une diversion efficace.

Le général Bourbaki vient d'attenter à ses jours, à l'heure
où je vous écris, j'ignore s'il vit encore.

L'armée, fatiguée par la rigueur du froid et par des
marches stériles, est en retraite sur Pontarlier ; elle aban-
donnera cette direction au point le plus favorable pour se
rabattre vers le sud, sur Bourg, par exemple ; l'ennemi
occupe actuellement Dole, Mouchard, Arbois, Poligny, An-
delot, Champagnole, et s'y renforce continuellement par
des troupes qui suivent les routes de Pesmes à Gray et de
Pesmes à Dampierre.

Notre armée est donc menacée de voir sa retraite inquiétée et coupée lorsqu'elle descendra par les routes com-
prises entre la Suisse et la direction de Besançon à Lons-le-
Saunier.

Le seul moyen de conjurer cette dangereuse situation me
paraît être de venir inquiéter les communications de l'ennemi
lui-même en s'installant solidement sur ses derrières, dans
la forêt de Chaux notamment.

Pour cela, il faudrait porter votre centre d'action à Dole

et enlever par conséquent cette place à l'ennemi qui s'y est solidement fortifié.

Un tel résultat à atteindre exige, selon moi, que vous partiez de Dijon avec presque toutes vos forces disponibles, ne laissant dans Dijon qu'un chef vigoureux et 8 ou 10 mille mobilisés des moins aptes à faire la campagne.

De notre côté nous appuierons votre mouvement par une diversion que tenterait un corps de 15,000 mobilisés dans la direction de Lons-le-Saunier et Arbois. Votre entreprise devrait commencer le plus tôt possible, le 30 courant même, le 29 si c'est possible; vous tâcheriez de vous mettre en communication avec le nouveau chef de l'armée, le général Clinchant, qui doit être actuellement à Ornans, et vous l'informeriez du moment où votre appui lui serait assuré.

L'entreprise que nous vous demandons est très difficile, impossible pour tout autre que pour vous, puisqu'il s'agit, avec de faibles forces, de préserver Dijon d'un coup de main, d'arracher Dole à l'ennemi en même temps que de vous maintenir dans des positions étendues comme la forêt de Chaux que l'ennemi occupe déjà sans doute.

Cette entreprise est digne de votre génie, croyez-vous pouvoir la tenter? Répondez-nous d'urgence, je vous prie.

Signé: de FREYCINET.

Garibaldi répondit immédiatement.

GARIBALDI A GUERRE.

Dijon, 10 heures soir.

Nous ferons partir matériel pesant sur Lyon et nous manœuvrerons. Avec l'armée, nous avons déjà 1,500 hommes sur Dole, 2,000 sur les derrières de l'ennemi entre Langres et Dijon.

GARIBALDI.

La dépêche est datée du 28; le 29, au moment où l'armistice est venu nous arrêter, nos troupes occupaient les bois de la Crochère entre Auxonne et Dole; dans la nuit elles s'étaient emparées de Mont-Roland et avaient délogé les prussiens de Dôle, le 29 au soir Garibaldi, avec la 1ʳᵉ brigade, était déjà à Montrevel et Bourg, marchant sur Mouchard et Lons-le-Saunier, pendant que l'armée de l'Est passait en Suisse. Qu'on mesure les distances, qu'on se souvienne du chiffre de notre armée et surtout des dates. Nous attendons le jugement la tête haute. Oui nous pouvons le dire avec orgueil, l'armée des Vosges a fait son devoir, plus que son devoir, si c'est possible, parce que le souffle du patriotisme qui l'animait était réel, parce qu'à l'armée des Vosges personne ne disait je ne veux pas me battre pour un avocat, je ne veux pas me battre pour la République; non, on ne voyait qu'une chose, la France qu'il fallait sauver.

Que dans votre haine pour son illustre chef, vous cherchiez à effacer jusqu'au souvenir de son existence, je l'admets; mais n'allez pas jusqu'à la calomnie, car alors nous relèverons la tête. Placez si vous le voulez le drapeau du 61ᵉ poméranien dans les galeries du musée de Versailles, avec une fausse étiquette, c'est un enfantillage contre lequel nous ne réclamerons pas, parce que nous savons que vous ne tromperez personne, pas même vous. Allez, Monsieur l'abbé, les faits sont là, ils parlent haut, et il n'appartient à personne de les changer.

Le jour où le général Ducrot a insulté du haut de la tribune Garibaldi et l'armée des Vosges, comme vous l'avez fait, Monsieur l'abbé, du haut de la chaire d'Héricourt, une enquête a été réclamée, on ne l'a pas admise, parce qu'on savait bien qu'elle démontrerait officiellement tous les faits que nous venons d'énoncer, parce qu'on savait bien qu'il en ressortirait clairement que cette pauvre petite armée des Vosges aurait pendant 6 mois repoussé l'ennemi des territoires dont on lui avait confié la garde, soutenu à Autun et à Dijon des attaques répétées et était restée, quoi qu'on ait fait et laissé faire pour l'entourer et la surpendre, seule debout et tournant sa face menaçante vers l'ennemi, au moment de l'armistice qui cependant n'existait pas pour elle.

Mais à votre point de vue Garibaldi est un drapeau qu'il fallait abattre; c'est vrai, Garibaldi est un drapeau, mais il n'est que celui de la République, et vous, vous le prenez pour celui de la révolution; il est maintenant le drapeau de la légalité, et c'est vous qui venez lever celui du désordre.

Voilà, monsieur l'abbé, tout ce que j'avais à vous dire relativement à Garibaldi et à l'armée des Vosges... Je sais d'avance que vous ne serez pas convaincu, aussi je me hâte de vous dire que ce que j'en ai fait, c'est moins pour vous que pour ceux qui vous ont entendu ; mais comme il ne m'arrive pas tous les jours de rencontrer un homme intelligent, instruit, d'un mérite aussi transcendant que le vôtre, veuillez, je vous prie, me permettre de profiter de ma bonne fortune pour causer encore un moment avec vous.

Vous êtes un habile et profond stratégiste, votre discours d'Héricourt nous l'a suffisamment prouvé. A coup sûr, vous avez dû passer bien des nuits à étudier Jules César, Polybe et Xénophon, peut-être même êtes-vous allé jusqu'à lire le chevalier Follard, Jaquinot de Presle et les ouvrages de ce célèbre archevêque de Bordeaux, sur la tactique navale, qui par parenthèse n'étaient pas mauvais, et sont restés jusqu'au commencement du siècle le seul spécimen de l'espèce. Peut-être même avez-vous lu superficiellement le magnifique ouvrage de l'archiduc Charles, sur la guerre de montagne, le mémorial de Sainte-Hélène et les principes de la grande guerre de Jomini ; mais à coup sûr il en est un que vous n'avez pas étudié, monsieur l'abbé, et vous avez eu tort, car c'est un monument, si vous aviez ouvert le magnifique ouvrage de M. Thiers, peut-être ne seriez-vous pas tombé dans une lourde faute, et en votre qualité de stratégiste, vous devez savoir qu'à la guerre toute faute finit par se payer chèrement, vous auriez appris qu'un général ne doit jamais agir qu'après s'être bien pénétré de son objectif, avoir étudié toutes les éventualités et s'être rendu un compte parfait de tous ses moyens d'action ; que les projets les plus audacieux sont justement ceux qui demandent le plus de réflexion et le plus de perfection dans tous les détails de l'exécution. Voyez l'immortelle campagne d'Austerlitz, mais aussi voyez avec quel soin le grand capitaine étudie tous les détails ; rien n'est donné au hasard. Comme vous, il compte cependant sur la providence, mais il ne s'y fie qu'après avoir paré à toutes les éventualités possibles. Il va s'enfoncer jusqu'au fond de la Moravie pour porter un dernier coup qui sera terrible, écrasant, mais il doit mettre entre lui et sa base d'opération une distance considérable, sa marche doit être tellement rapide que ses magasins ne pourront pas suivre ; son flanc droit peut être menacé par la Prusse dont l'alliance est douteuse et qu'on vient de froisser en violant un peu sa neutralité ; l'archiduc Charles occupe la Haute-Italie avec 100,000 hommes ; il peut, se couvrant d'un rideau, tromper Masséna, revenir rapidement en arrière, déboucher par les vallées du Tyrol et se précipiter avec une masse de 80,000 hommes sur les derrières de l'armée française, la couper de sa base d'opération et l'enfermer dans la Basse-Autriche. Ou bien, exécutant le même mouvement par le Frioul, il peut venir donner la main aux Russes qui s'avancent,et présenter la bataille aux Français en une seule masse de 250,000 hommes ; un contre trois. Mais aussi, voyez monsieur l'abbé, avec quelle constance, avec quel soin tout est étudié ; la plus petite éventualité est pesée mûrement et ramenée à sa juste valeur ; le grand capitaine ne craint pas de descendre lui-même dans les plus minutieux détails, il surveille avec une profonde attention l'exécution de de tous ses ordres ; aussi tout arrive à point, à heure fixe ; non ! je me trompe, une faute est commise, des corps en marche sont mal liés, de là le combat de Dirstein, mais Mortier et l'héroïque division Gazan sont là et sauvent tout ; cependant comme toute faute doit se payer, on en sera quitte pour entrer à Vienne deux jours plus tard et pour trouver devant soi le jour décisif 15 ou 20 mille hommes de plus, mais voyez quel résultat, quelle magnifique récompense pour tant de constance, de volonté et, disons-le, de génie ; aucune faute n'a été commise, seulement deux erreurs de de détail qui heureusement n'ont pas compromis grand chose et ne devaient rien changer au résultat final.

Votre campagne d'Héricourt aussi était bien montée, savamment étudiée, rien n'y manquait, le préfet, le général, le grand vicaire, une foule de curés, des officiers de tout grade, une masse de comparses dont la mission devait être de porter au loin le récit de vos triomphes ; mais voyez ce que c'est que la fragilité des choses humaines, cette petite manifestation, (car s'en était une, monsieur l'abbé, et une hardie) qui devait tourner à votre gloire, est tournée à votre confusion ? Et pourquoi ? mon Dieu, un détail oublié, un coefficient dont on a méconnu la valeur, hélas, il a suffi de quatre paroles pour démolir cet échafaudage si savamment, si laborieusement monté, et puis, entre nous, vous vous serviez d'une vilaine arme, meurtrière, c'est vrai, mais difficile à manier, elle éclate quelquefois dans la main et toujours elle salit les doigts; Croyez-moi, Monsieur l'abbé, dorénavant combattez à armes loyales, à visage découvert, vous vous en trouverez bien, laissez la calomnie aux lâches et aux imbéciles, ce n'est pas l'arme d'un homme. Puis pourquoi ces attaques continuelles contre Garibaldi. Vous tenez donc bien à prouver au monde que vous craignez outre mesure ce noble vieillard, dont toute la vie n'a été qu'un dévouement à une idée. Croyez-le bien, ces attaques calomnieuses, ces colères impuissantes, ne rallieront personne à votre cause, elles produiront plutôt l'effet opposé, puis ça ne doit pas être agréable du tout d'être convaincu d'imposture.

Si au moins la leçon pouvait vous servir ! Hélas, nous savons d'avance que pour vous il n'est pas de leçon possible. Vous en avez tant reçu depuis 30 ans! En 1848 vous pouviez créer la fédération italienne sous la présidence du pape, vous ne l'avez pas voulu, c'était un moyen de replâtrer votre pouvoir peut-être pour cent ans; l'unité italienne s'est accomplie sans vous, malgré vous, et maintenant vous n'avez plus qu'un pied dans Rome'; vous restera-t-il à la mort du Saint-Père ? J'en doute.

Les derniers événements d'Espagne ne sont-ils pas aussi un puissant enseignement. En France vous pouviez sauver la religion en acceptant franchement la République, vous la combattez au contraire par tous les moyens possibles, et vous serez vaincus, car votre cause n'est pas juste, car vous combattez contre Dieu ; je vais essayer de vous le prouver.

L'homme, créé à l'image de Dieu, est indéfiniment perfectible, d'où il découle que les institutions humaines participant à la nature humaine, sont également indéfiniment perfectibles, de là, la loi du progrès, loi divine, ne vous en déplaise. Dieu veut que l'on marche toujours en avant.

Mais ce n'est pas sans secousses, sans tâtonnements, sans luttes que le progrès s'établit et s'affirme, nous ne pouvons rien créer de parfait, cela ressort de l'essence de notre nature: nous sommes condamnés à travailler, à perfectionner.

Nos institutions, notre instruction, nos mœurs, tout est soumis à cette loi; la religion étant d'émanation divine, sort-elle de la règle? Peut-être non, si vous ne sortez pas des saintes écritures; mais il y a l'interprétation qui est éminemment humaine, par conséquent soumise à l'erreur; donc la religion elle-même est perfectible. Dans les arts, dans les sciences, les progrès s'accomplissent presque sans lutte; il n'en est pas de même pour les institutions politiques et religieuses, car ici le progrès lèse des masses d'intérêts plus ou moins puissants, plus ou moins bien enracinés, plus ou moins justes. De là, résistance à la marche en avant, et même négation du progrès; mais la loi n'en est pas moins vraie, il faut marcher, marcher toujours; vous pouvez méconnaître le progrès, peut-être l'enrayer momentanément; l'arrêter, jamais, un peu plus tard, un peu plus tôt, il faut qu'il s'accomplisse, c'est la loi de Dieu. De même que vous ne pouvez rien changer à la pondération et au fonctionnement régulier dans l'espace, de même il ne vous est pas donné d'arrêter le progrès. Le tribunal des évêques et des cardinaux a-t-il empêché le système de Galilée d'être juste? Tôt ou tard il faut que le progrès s'accomplisse, c'est comme une inondation, vous pouvez l'arrêter momentanément, mais il faut qu'elle passe, plus vous aurez retardé son écoulement régulier, plus rapide et plus terrible sera son irruption lorsqu'elle aura brisé les digues que vous prétendez lui imposer. On ne peut pas arrêter l'inondation, mais on peut dans certaines mesures la diriger, lui imposer une marche régulière qui atténue en grande partie les dégâts qu'elle pourrait produire. Voilà ce que vous ne voulez pas admettre, c'est pourquoi vous serez battus et votre défaite produira, je le crains, un cataclysme épouvantable; car il y a longtemps que vous refusez les digues.

Nous avons eu à enregistrer de nouveaux progrès accomplis dans les arts et dans les sciences, ceux beaucoup plus rares qu'ont subis les institutions politiques des différents peuples; mais ceux de la religion catholique et romaine, où donc sont-ils? Nous avons beau remonter jusqu'à la Saint-Barthélemy, jusqu'aux exploits des dominicains, nous ne voyons rien. — Ah! pardon, il y a l'infaillibilité et l'Immaculée-Conception.

Vous êtes intelligent, instruit, monsieur l'abbé, vous passez à juste titre pour être une des lumières du clergé français;

réfléchissez, il est peut-être encore temps de sauver la religion, mais il ne faut pas vous le cacher, il y a beaucoup à faire; d'abord, il faudrait renoncer une bonne fois à toute intrigue politique; les peuples sont majeurs; laissez-les donc se gouverner comme ils l'entendent. Ne vous mêlez que de la sacristie, vous y gagnerez en considération et en dignité; croyez-moi, le rôle du clergé catholique touche à sa fin; la preuve, c'est que depuis quatre-vingts ans vous avez porté malheur à tous les gouvernements qui se sont appuyés sur vous.

Voyez les Bourbons de France, d'Espagne et de Naples; voyez les républiques espagnoles d'Amérique, voyez le second empire. Je sais bien que vous ne l'aimiez guère, cependant toutes ses faveurs, toutes ses caresses étaient pour vous, il a porté le pouvoir temporel sur ses épaules pendant vingt ans; il est vrai que ça ne vous coûtait pas cher, c'était l'argent de la France; hélas! si nous l'avions maintenant, comme il aurait son emploi; mais, au fait, où donc étiez-vous à l'heure suprême, alors que ce pauvre empire croulant avait besoin de l'existence de tous ses amis ??? Vous y étiez, c'est vrai, mais pour lui donner le coup de pied final.

Voilà ce qui m'effraie justement pour notre jeune République; elle s'appuie beaucoup trop sur vous. Vous êtes un bâton vermoulu cassant dans la main de ceux qui s'en servent. Heureusement qu'une république diffère d'une monarchie en ce sens qu'elle est perfectible à l'infini; elle est basée sur le suffrage universel qui ne s'appuie sur personne et qui, tous les jours, s'émancipe davantage; il finira, je l'espère, par devenir la véritable expression de la volonté nationale; alors, monsieur l'abbé, vous serez forcément renvoyé à la sacristie; ne vaudrait-il pas mieux y aller de bon cœur; vous sauveriez au moins votre dignité et peut-être la religion, car elle est bien malade, elle est envahie par une fièvre d'incrédulité tellement intense, qu'il faudrait peut-être un miracle pour la guérir, et de notre temps les miracles sont si rares! Bien entendu que je ne parle pas de ceux de Lourdes où de la Salette.

Cette fois, je l'espère, la République est née viable, et vous aurez beau faire, vous ne chanterez pas son *De profundis*. Ce qui le prouve, ce sont toutes les élections partielles pour

3

le complément de la Chambre. Je vais même plus loin, j'admets que par un tour de gobelet, que je ne comprends pas, vous parveniez encore une fois à l'escamoter, qu'arriverait-il? C'est que nous recommencerions dans cinq ans, dans dix ans, dans quinze ans au plus tard ; vous le voyez, la Restauration dure quinze ans, le gouvernement de Juillet dix-huit, le second Empire également dix-huit.

Tout ceci devait vous prouver, monsieur l'abbé, qu'en France, il n'y a plus qu'une seule forme de gouvernement possible : la République, qui porte en elle tous les germes d'amélioration. Qu'on ne la discute plus et elle sera bientôt forte et puissante. Il dépend de vous qu'on ne la discute plus, ne couvrez aucun prétendant de votre influence, ralliez-vous franchement à elle ; là serait le salut pour elle et pour vous surtout. Je sais bien que vous ne le ferez pas, mais aussi vous serez vaincus, j'en ai la conviction ; les prétendants disparaîtront, mais vous resterez et malheureusement vous porterez la peine du talion. Votre toute première punition, qui dans le fond ne sera qu'un échec d'amour-propre, sera de vous voir abandonner par ce cortége de fonctionnaires et d'employés de tout âge et de tout rang ; car, à part quelques honorables exceptions, ceux-là ne vont pas chez vous pour adorer Dieu, ils croient surtout à la vertu de saint Vincent de Paul pour faire obtenir des croix et de l'avancement ; le jour où saint Vincent de Paul aura perdu son influence, vous les verrez tourner les talons sans vergogne. Ah! monsieur l'abbé, je vois de bien tristes choses dans l'avenir ; reniant les traditions de l'ancien clergé français, vous vous êtes fait l'homme lige du jésuite, c'est là que vous allez chercher votre mot d'ordre et votre direction, c'est lui qui vous ordonne de soutenir à OUTRANCE le principe de la légitimité ; c'est pour lui que vous venez de troubler l'Espagne ; la légitimité vaincue, l'Eglise l'est aussi. Heureusement que l'Eglise, telle que vous l'avez faite, ce n'est pas le christianisme qui, je l'espère, sortira radieux des ruines que vous avez provoquées.

Voilà, monsieur l'abbé, tout ce que j'avais à dire. J'ai été un peu long, mais j'avais tant de choses sur le cœur, et j'aime tant la religion que je voudrais pouvoir la sauver ; je sais bien que je prêche dans le désert et qu'il n'en sera ni plus ni moins. Vous êtes tellement aveugles, que pour vous convertir il ne faudrait rien moins que la vision de saint Paul sur le chemin de Damas. Une fois de plus vous aurez été avertis. Voilà tout.

Veuillez, je vous prie, monsieur l'abbé, agréer mes salutations.

G. SAHLER.

Besançon, imp. de J. Roblot.

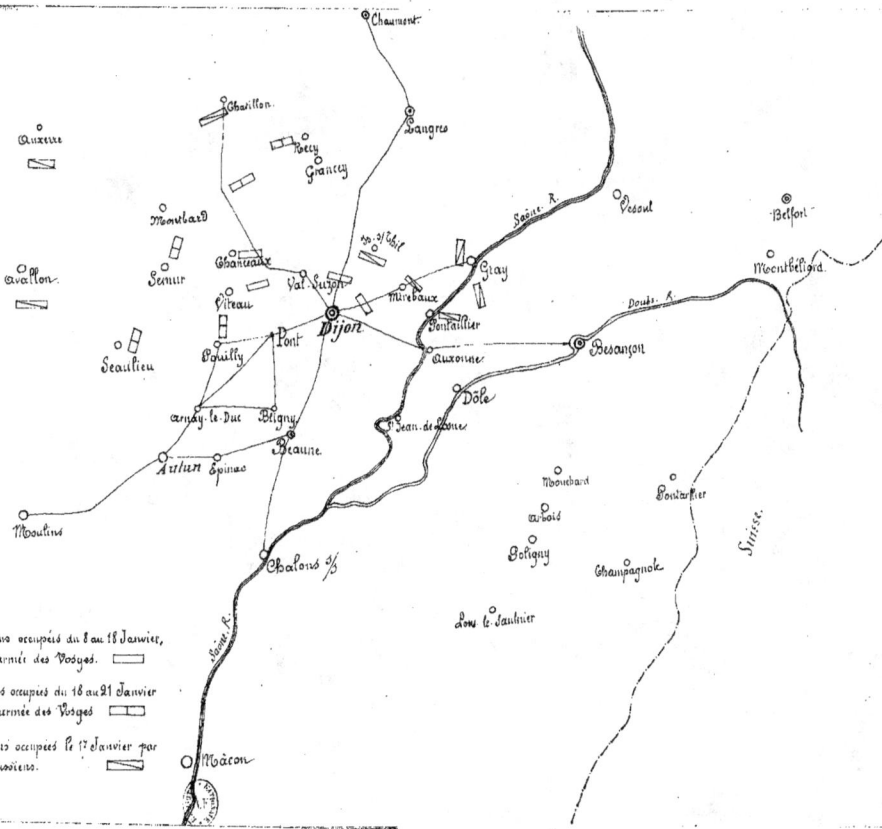

www.ingramcontent.com/pod-product-compliance
Lightning Source LLC
Chambersburg PA
CBHW060748280326
41934CB00010B/2406